Inhalt

Cholera in Haiti - Experten fordern staatliche Impfstoffbevorratung

Kernthesen

Beitrag

Fallbeispiele

Zahlen und Fakten

Weiterführende Literatur

Impressum

Cholera in Haiti - Experten fordern staatliche Impfstoffbevorratung

A.Schneider

Kernthesen

- Immer wieder greift in Ländern mit unzureichend voneinander getrennten Trinkwasser- und Abwassersystemen die Cholera um sich. Bis zu 1,5 Milliarden Menschen gelten weltweit als gefährdet.
- Amerikanische Gesundheitsexperten fordern die Bevorratung mehrerer Millionen Impfstoffdosen, um Menschen in Gebieten mit akuter Cholera rasch impfen zu können.
- Ohne die pharmazeutischen Kenntnisse und medizinische Ausrüstung von internationalen Hilfsorganisationen wäre Haiti im Kampf gegen die Cholera machtlos.

Beitrag

1,5 Milliarden Menschen weltweit leben mit einem Cholera-Risiko

Die jährliche Anzahl der weltweiten Cholera-Infektionen wird auf drei bis fünf Millionen und die der Todesfälle auf rund 100 000 bis 130 000 geschätzt. Das IVI, International Vaccine Institute, das sich für neue Impfstoffe für die Entwicklungsländer einsetzt, geht sogar davon aus, dass etwa 1,5 Milliarden Menschen weltweit mit dem Risiko einer Cholera-Infektion leben. (1) In Deutschland und Mitteleuropa tritt die Krankheit nur in Einzelfällen auf, die in der Regel darauf zurückzuführen sind, dass Reisende den Erreger einschleppen. Seit 2002 sind dem Robert-Koch-Institut (RKI) bundesweit nur zehn Erkrankungen nach Reisen gemeldet worden. Doch in anderen Teilen der Welt ist die Cholera als potenzielle Gefahr permanent vorhanden. So sind etliche Gegenden in Südasien, Südostasien, Südamerika und Afrika stets gefährdet und melden immer wieder akute Cholerafälle. Im vergangenen Jahr gab es eine Epidemie in Simbabwe. Dann gab es Opfer infolge der Flutkatastrophe in Pakistan. Momentan kämpft Haiti immer noch gegen die

Ausbreitung der Cholera. [Abb. 1]

Die Cholera bricht vor allem in Ländern mit unzureichender Trennung von Trink- und Abwasser aus. Die Übertragung erfolgt zumeist über mit Fäkalien verunreinigtes Trinkwasser. Ihr Erreger ist das aggressive Bakterium Vibrio cholerae, es produziert Choleratoxin, auf das der menschliche Körper mit heftigem Durchfall reagiert. Cholerakranke leiden an Brechdurchfall, Bauchschmerzen, massiven Flüssigkeits- und Elektrolytverlusten. Bis zu fünfzehn Liter Flüssigkeit kann der Körper bei schweren Verläufen verlieren. Ohne Behandlung sind die Patienten zunehmend benommen, verwirrt, fallen schließlich ins Koma und können sterben. Die Sterblichkeit liegt ohne Behandlung bei bis zu fünfzig Prozent, bei adäquater Behandlung bei unter einem Prozent. Die Inkubationszeit beträgt meist zwei bis drei Tage. Außer mit Fäkalien verunreinigtem Trinkwasser kann auch infizierte Nahrung zur Infektion führen. Die Bakterien können von Feldfrüchten stammen, auch Fische und Schalentiere sind in Choleragebieten Überträger der Krankheit. Sie gelangen über den Mund in den Verdauungstrakt. Die direkte Übertragung von Mensch zu Mensch ist selten. Als Therapiemaßnahmen gelten der intravenöse und orale Ersatz von Wasser, Mineralien und Glukose und die zusätzliche Gabe von Antibiotika. (13)

Amerikanische Ärzte fordern Bevorratung mehrerer Millionen Dosen Cholera-Impfstoffe

Eine Gruppe amerikanischer Gesundheitsexperten aus der Harvard Medical School, der George Washington University und dem International Vaccine Institute (IVI) nehmen den Fall Haiti als Anlass, ihre Forderung nach einer umfangreichen staatlichen Bevorratung von Cholera-Impfstoffen öffentlich zu machen. Kurzfristig verfügbar seien bei den Impfstoffherstellern derzeit weniger als 400 000 Impfdosen. Die Mediziner fordern die Vereinigten Staaten von Amerika auf, mehrere Millionen Dosen an Cholera-Impfstoffdosen bereitzuhalten, um sie in Gebieten mit hohem Risiko einer Cholera-Epidemie schnell einsetzen zu können. Sollten die Mediziner mit ihrer Forderung tatsächlich Gehör finden, werden die Impfstoffhersteller frohlocken. (2)

Das Schweizerische Serum- und Impfinstitut hatte 1994 bereits den oralen (Schluckimpfung) Cholera-Lebend-Impfstoff "Orochol Berna®" auf den Markt gebracht, anderer Handelsname Mutacol®. Inzwischen werden aber in der Regel drei verschiedene orale Tot-Impfstoffe eingesetzt, um Menschen vor einer Cholerainfektion zu schützen: Dukoral (entwickelt 2004), hergestellt durch Crucell,

Shanchol von Shantha Biotechnics und MORC-VAX von VaBiotech. Sie reduzieren das Risiko einer Infektion um mehr als achtzig Prozent für mindestens sechs Monate. Um diesen Schutz zu erreichen, erhalten Erwachsene in der Regel zwei Impfdosen, Kinder drei. Dukoral ist seit 1991 in mehr als sechzig Ländern zugelassen und wird von der Weltgesundheitsorganisation WHO favorisiert. Der Impfstoff wurde beispielsweise in Krisengebieten in Indonesien, im Sudan, in Uganda und in dicht besiedelten Slums von Mosambik eingesetzt. Dukoral kostet zwischen vierzig und fünfzig Euro. Die beiden anderen Impfstoffe sind Low-cost-Produkte aus Indien oder Vietnam. Sie wurden 2009 lizensiert und warten derzeit auf die Präqualifikation der Weltgesundheitsorganisation WHO. Daneben sind auch parenterale Impfstoffe (Injektion) gegen Cholera zugelassen, wie beispielsweise der deutsche Cholera Impfstoff Behring.

Die WHO prüft derzeit, ob der Einsatz oraler Impfstoffe, dessen Wirksamkeit und Verträglichkeit inzwischen gut untersucht sind, auch für Massenimpfungen in Choleragebieten geeignet ist, zu einer Kontrolle der Cholera beizutragen. (2), (12)

Internationale Hilfsorganisationen ersetzen fehlende lokale

Gesundheitsinfrastruktur

In Katastrophenfällen wie Haiti machen Einheiten der internationalen Hilfsorganisationen mobil. Sie bringen die notwendigen pharmazeutischen Kenntnisse und medizinische Ausrüstung zur Behandlung und Vorsorge dorthin, wo sie gebraucht werden. Geschulte Helfer leisten die medizinische Versorgung, bringen Fachwissen, bauen Cholera-Behandlungszentren auf und organisieren den Bau genereller Gesundheitszentren für die künftige medizinische Infrastruktur.

Die Hilfsorganisationen finanzieren ihre Leistungen unter anderem über Staatsbeiträge, Mitgliederbeiträge, Spendeneinnahmen, Zuschüsse sowie Preise und Gebühren. Ärzte ohne Grenzen beispielsweise finanzieren sich zu achtzig Prozent aus Privatspenden; staatliche Gelder und Zuwendungen aus der Wirtschaft erbringen die restlichen zwanzig Prozent. Die Organisation verfügt über ein jährliches Budget von etwa 400 Millionen US-Dollar. Mit diesen Mitteln kauft die Non Profit Organisation die im Rahmen ihrer Projekte benötigten Produkte (von Zelten, Decken, Medikamenten, standardisierten Emergency Health Kits etc. bis hin zu Seifen). So kauft beispielsweise UNICEF für mehr als eine Milliarde Dollar pro Jahr medizinische Hilfsgüter (z. B. Handschuhe, Kanülen, sterile Tücher, Medikamente) von Unternehmen und lagert sie in riesigen Lagerzentren mit modernster Logistik. Innerhalb von nur zwei Tagen waren die ersten Transporter zum Flughafen und nach Haiti unterwegs. (10)

Die meisten großen Hilfsorganisationen haben gute Kontakte zu den Herstellern (z. B. Zulieferer von Zelten) und zur Pharmaindustrie (Arzneimittelhersteller, Großhändler) aufgebaut. So arbeiteten beispielsweise das Schweizerische Rote Kreuz und Novartis eng zusammen, um nur wenige Tage nach dem Erdbeben in Haiti die am dringendsten benötigten Arzneimitteln (z. B. Schmerzmittel, Antibiotika) bereitzustellen. Etliche große Pharmakonzerne stellen in derartigen Katastrophenfällen Arzneimittel zum Einkaufspreis oder sogar kostenfrei zur Verfügung. Hersteller von Wasseraufbereitungsanlagen, vor allem von kleinen mobilen Anlagen, die sich leicht transportieren und unkompliziert aufbauen lassen, bieten ihre Produkte und Innovationen den Hilfsorganisationen an. (9)

Diese achten darauf, so günstig wie möglich (z. B. Medikamentengroßpackungen, günstige Generikaprodukte) und so lokal wie möglich einzukaufen. Die Landesorganisation von Novartis in der Dominikanischen Republik (die auf derselben Karibikinselgruppe liegt wie Haiti) lieferte sofort 3 750 Einheiten Antibiotika an das Dominikanische Rote Kreuz. Wo immer es möglich ist, werden Hilfsgüter im

Land gekauft, um die heimische Wirtschaft zu stützen. (9)

Ein anderer wichtiger Aspekt ist die Logistik - und die ist teuer. Die humanitäre Logistik verschlingt im Schnitt die Hälfte der Mittel bei Hilfseinsätzen. Ein Flugzeug nach Haiti kostete in Krisenzeiten bis zu 750 000 Dollar. Die großen Hilfsorganisationen haben dauerhafte Vereinbarungen mit Dienstleistern getroffen. Logistikdienstleister wie beispielsweise Kühne & Nagel organisieren Transporte in die Krisengebiete möglichst schnell, professionell und günstig. Sie verlangen dafür weniger als für reguläre Logistikleistungen und setzen darauf, dass sich über die gute internationale Reputation neue Kunden gewinnen lassen, die dann reguläre Preise zahlen. Krisengewinnler sind in der Branche nicht auszuschließen. Manche Anbieter erhöhen in Notsituationen sogar die Preise. (8)

Therapie - Rehydratationslösung und Antibiotika im Einsatz

Bei leistungsfähiger medizinischer Versorgungslage kann Cholera-Patienten gut geholfen werden, denn die bakterielle Infektion ist prinzipiell leicht behandelbar. Am wichtigsten ist es, die entstandenen Verluste an Flüssigkeit und Elektrolyten rasch auszugleichen. Die Patienten erhalten sauberes Wasser, lebenswichtige Mineralien und Glukose intravenös oder oral verabreicht. Die Weltgesundheitsorganisation WHO empfiehlt eine trinkbare Salz- und Glukoselösung aus Traubenzucker, Natriumcitrat, Natriumchlorid und Kaliumchlorid. Die optimale Mischung enthält die Lösung ORS (Oral Rehydratation Solution), die es als Fertigpulver gibt. Standardisierte Cholera-Kits, die weltweit zum Einsatz kommen, enthalten orales Rehydratationssalz, Ringer-Lactat-Lösungen mit Infusionsbestecken und Zubehör, die Antibiotika Doxycyclin, Erythromycin und Ciprofloxacin (ursprünglich von Bayer entwickelt!) sowie Wasserentkeimungstabletten, Desinfektionsmittel und Untersuchungshandschuhe in großen Mengen. Die Antibiotika werden bei Bedarf verabreicht. Sie können die Erkrankung abkürzen und die Ausscheidung von Cholera-Vibrionen vermindern. (7)

Vorbeugung - SODIS-Verfahren muss stärker angewendet werden

Wichtig ist es, die Bevölkerung über die Krankheit zu informieren und ihnen zu erklären, wie sie einer Infektion wirksam vorbeugen können. Die Menschen brauchen hygienisch einwandfreies Trinkwasser. Dazu müssen neue Brunnen gebohrt und

Wasserentkeimungstabletten verteilt werden. Sie müssen das Wissen und die Möglichkeit haben, ihr Wasser abzukochen. Doch Brennmaterial ist oft Mangelware. Eine andere einfache, doch bislang nicht genug verbreitete Methode, Trinkwasser zu desinfizieren, ist das so genannte SODIS-Verfahren (Solar Water Disinfection). Dabei wird das verschmutzte Wasser in PET-Flaschen gefüllt und der Bestrahlung durch Sonnenlicht ausgesetzt. Die UV-A-Strahlen im Sonnenlicht wirken keimabtötend. Bei genügend langer Bestrahlung werden verbreitete Krankheitserreger (Durchfallerkrankungen, Cholera etc.) weitgehend abgetötet. Zur Sauerstoffsättigung kann die Flasche zuerst zu drei Vierteln gefüllt, für 20 Sekunden geschüttelt und dann ganz aufgefüllt werden. Die Flasche wird verschlossen und für sechs Stunden waagrecht in direktem Sonnenlicht liegengelassen. Bei bedecktem Himmel sollten die Flaschen für zwei Tage gelagert werden. Die Weltgesundheitsorganisation hat die Wirksamkeit von SODIS anerkannt und empfiehlt den Haushalten in Entwicklungsländern, ihr Wasser auf diese Weise zu behandeln. Das SODIS-Verfahren wird seit 2001 in über 30 Ländern angewendet und getestet (in Haiti leider nicht). In den Testgebieten sind Durchfall, Cholera, Salmonellen und ähnliche Erkrankungen deutlich zurückgegangen. (6)

Fallbeispiele

Zahlreiche internationale Hilfsorganisationen, darunter auch ihre deutschen Ableger, ersetzen in Haiti - wie auch in anderen Katastrophengebieten - das unzulängliche lokale Gesundheitssystem:

Apotheker ohne Grenzen arbeitet beispielsweise in Haiti gemeinsam mit dem Missionsärztlichen Institut Würzburg, Caritas International und der Bayer Cares Foundation am Aufbau eines Gesundheitszentrums in Léogâne, rund 30 Kilometer entfernt von der Hauptstadt Port-au-Prince. Dort sollen nach Fertigstellung täglich zwischen 150 und 300 Patienten versorgt werden können. Das Gesamtvolumen dieser Unterstützung beläuft sich auf 450 000 Euro. Die deutschen Pharmazeuten stellen für das Projekt ihr Fachwissen und finanzielle Mittel zur Verfügung. Geschulte Apotheker reisen mehrfach und dauerhaft ins Land. Die Pharmazeuten beschaffen Medikamente, sorgen für die sachgerechte Lagerung, kümmern sich um die Verteilung an die Patienten und führen die Statistiken. Außerdem schickt die Organisation Medikamente, Infusionslösungen und Wasserentkeimungstabletten. Apotheker ohne Grenzen wurde in Frankreich in den achtziger Jahren gegründet. Die deutsche Organisation gibt es seit dem Jahr 2000, sie hat derzeit rund 600 Mitglieder. Die Arbeit ist ehrenamtlich, weitere Einsatzkräfte werden laufend gesucht. Apotheker helfen hat Haiti bereits eine halbe Millionen Tabletten in Zusammenarbeit mit Humanity First Aid zur Verfügung gestellt. (5)

Ärzte ohne Grenzen/Médecins sans Frontières" (MSF) hat mehr als 260 internationale Mitarbeiter in Haiti im Einsatz. Über 770 Tonnen medizinisches Material wurden bereits dorthin gebracht. Vom 22. Oktober bis zum 5. Dezember wurden in Haiti 51 000 Menschen mit Cholera-Symptomen behandelt. In der ersten Dezemberwoche allein waren es 1 100 Menschen pro Tag. (11)

Caritas International leistet Hilfe, ebenso die Welthungerhilfe, das Hilfswerk Plan International, das Rote Kreuz und das UN-Kinderhilfswerk UNICEF. UNICEF-Mitarbeiter und Helfer des örtlichen Roten Kreuzes rufen mit Megaphonen die Menschen in Artibonite auf, einfache Hygienestandards einzuhalten und sich bei Verdacht in den Cholera-Behandlungszentren untersuchen zu lassen. Helfer gehen in die Schulen, um die Kinder in Hygiene zu unterrichten und die Schulen mit Chlor zu versorgen. Die Panamerikanische Gesundheitsorganisation (PAHO) hat vierzig Tonnen benötigte Materialien im Land verteilt. LandsAid hat ein Team aus Ärzten und Pflegern organisiert, die am Krankenhaus St. Damien in Port-au-Prince arbeiten sollen. Dort werden gerade zwei Großzelte mit jeweils sechzehn Betten aufgestellt, so dass die Station auf hundert Betten anwächst. (3), (4)

Zahlen & Fakten

Abbildung 1:

Geplagtes Haiti - erst das Erdbeben und jetzt die Cholera

Daten und Fakten zu Cholera

Das Erdbeben in Haiti hatte im Januar 2010 mehr als 230 000 Menschen das Leben gekostet.

Noch immer leben etwa 1,4 Millionen Haitianer in Lagern, in denen es an Sanitäranlagen und

sauberem Wasser mangelt. Oft teilen sich bis zu 500 Menschen eine Latrine.

Erste Cholera-Erkrankungen wurden am 19. Oktober aus dem Département Artibonite,

etwa 80 Kilometer nördlich der Hauptstadt Port-au-Prince, gemeldet.

Am 9. November wurden erstmals Cholera-Erkrankungen in der Hauptstadt gemeldet.

Bislang starben über 1 600 Menschen, infiziert wurden seit Ausbruch der Epidemie

rund 28 000 Menschen.

Nach Schätzungen der Vereinten Nationen könnten sich im schlimmsten Fall bis zu

200 000 Menschen in Haiti mit dem Cholera-Erreger infizieren.

Generell verlaufen die meisten Cholera-Infektionen (etwa 85 Prozent) (zunächst) symptomfrei.

Die Sterblichkeit der Krankheit beträgt unbehandelt zwischen 20 und 70 Prozent.

Von den weltweit jährlich ca. 3-5 Millionen Choleraerkrankungen führen 100 000 - 120 000

zum Tode der Patienten.

Quelle: GBI-Genios

Weiterführende Literatur

(1) Humanitäre Vorteile eines schnellen Cholera-Impfstoff-Einsatzes in Risikogebieten könnten enorm sein
aus Süddeutsche Zeitung, 20.11.2010, Ausgabe Deutschland, S. 21

(2) Ärzte empfehlen, USA sollen Cholera-Impfstoffe für den schnellen Einsatz bei Krankheitsausbrauch auf Halde halten
aus Süddeutsche Zeitung, 20.11.2010, Ausgabe Deutschland, S. 21

(3) Cholera: Apotheker schicken Hilfsgüter nach Haiti
aus PZ Pharmazeutische Zeitung vom 18.11.2010 Seite

(4) Cholera breitet sich aus
aus PZ Pharmazeutische Zeitung vom 25.11.2010 Seite 40

(5) Haiti - Hilfe nach dem Erdbeben
aus PZ Pharmazeutische Zeitung vom 25.11.2010 Seite 40

(6) Mit Sonnenstrahlen wird Trinkwasser entkeimt
aus Ärzte Zeitung Nr. 211 vom 18.11.2009, Seite 16

(7) Cholera bricht vor allem in Katastrophengebieten aus
aus Frankfurter Rundschau vom 27.10.2010, Seite 38

(8) Zeit ist wichtiger als Kosten
aus DVZ, Nr. 118 vom 01.10.2009

(9) Weltweite Hilfsanstrengungen von Novartis für die Opfer des Erdbebens in Haiti
aus DVZ, Nr. 118 vom 01.10.2009

(10) MSF Financial Reports
aus DVZ, Nr. 118 vom 01.10.2009

(11) Haiti
aus DVZ, Nr. 118 vom 01.10.2009

(12) Cholera
aus DVZ, Nr. 118 vom 01.10.2009

(13) Cholera ist ein Problem armer Länder
aus Ärzte Zeitung Nr. 193 vom 25.10.2010, Seite 2

Impressum

Cholera in Haiti - Experten fordern staatliche Impfstoffbevorratung

Bibliografische Information der deutschen Nationalbibliothek

Die Deutsche Nationalbibliothek verzeichnet diese Publikation in der deutschen Nationalbibliografie; detaillierte bibliografische Daten sind im Internet über http://dnb.d-nb.de abrufbar.

ISBN: 978-3-7379-2762-8

© 2015 GBI-Genios Deutsche Wirtschaftsdatenbank GmbH, Freischützstraße 96, 81927 München, www.genios.de

Alle Rechte vorbehalten. Dieses Werk ist einschließlich aller seiner Teile – z.B. Texte, Tabellen und Grafiken - urheberrechtlich geschützt. Jede Verwertung außerhalb der Grenzen des Urheberrechtsgesetzes bedarf der vorherigen Zustimmung des Verlags. Dies gilt insbesondere auch für auszugsweise Nachdrucke, fotomechanische

Vervielfältigungen (Fotokopie/Mikroskopie), Übersetzungen, Auswertungen durch Datenbanken oder ähnliche Einrichtungen und die Einspeicherung und Verarbeitung in elektronischen Systemen.